검정과 소녀

검정과 소녀

1판 1쇄 인쇄 2025년 6월 20일
1판 1쇄 발행 2025년 6월 25일

지은이 조 원 일
펴낸이 노 은 이
펴낸곳 법 우 사
주 소 경기도 광명시 하안로284 1217동 401호
전 화 (02) 876-2261
팩 스 (02) 875-2263
e-mail lawbookok@naver.com
등 록 2023.1.10. 제390-2023-000002호

ISBN 978-89-97060-76-4 03810 정가 12,000원

잘못된 책은 구입하신 서점에서 바꾸어 드립니다.

爲 詩 (위:시)
: 위하다, 시를
: 소중히 여기다, 시에 담긴 사람을
: wish on poetry.

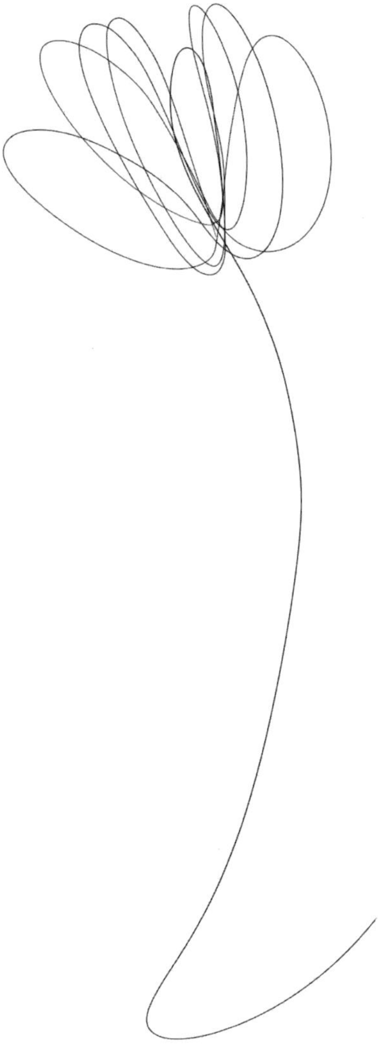

검정과 소녀

검정을 사랑했 던 소년,
총천연색을 가진 소녀를 만나
물들은 爲詩.

원일

법우사

人事

어딘가에 이름 모를 사랑이 존재하고
모든 사랑을 다 알 수 없지만
그 누구보다 서로에 서로의 시간 속에 살아가는
사랑의 가치가, 이 시에 한 구절이
생명이 되어, 지금 이 순간에도 사랑하고 있을
사람에게 사소한 영원을 나누는 사랑과
삶이 되기를.

당부의 말

저는 비문과 행간을 좋아합니다.
사람사는 세상 같습니다. 조금은 안 맞고, 조금은 떨어진
대체로 우리가 사랑하는 진심은
완벽하지 않는 모습에서 발견하니 완벽하지 않게 두려고 합니다.

時間과 視線

새 한 마리

사랑은 나뭇가지 위에
새 한 마리.
날아갈까 하루를 보고
떠나갈까 이틀을 보면,

사흘엔 사라지고 마는

사랑은 나뭇가지 위에
새 한 마리.
자유롭게 날아다니길
그대는 날개가 있으니,

나흘엔 돌아와서
하늘의 행복을 전해다오.

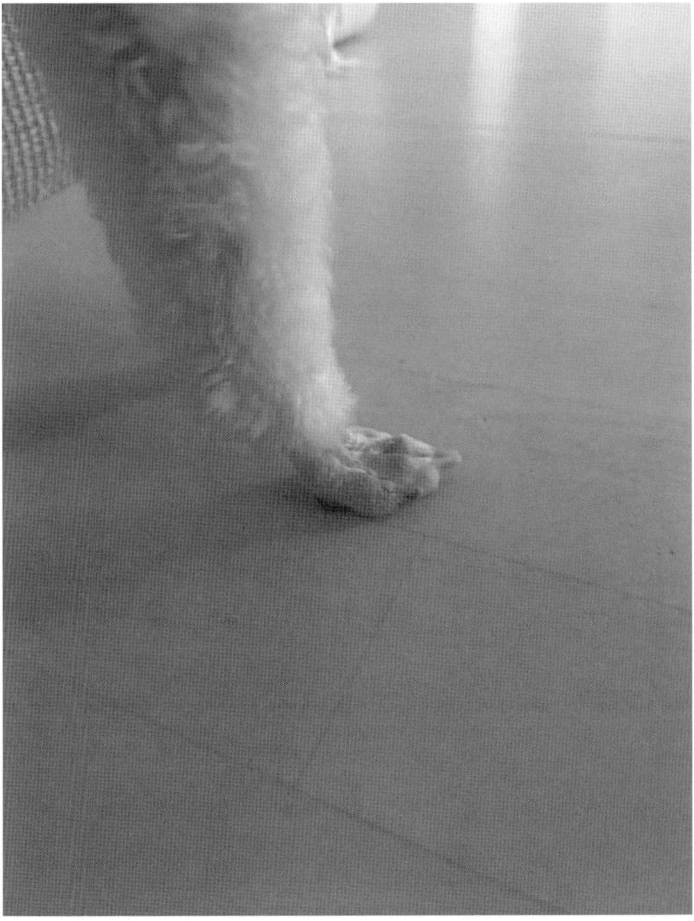

같이의 가치

눈이 오면 밖으로 눈을 맞이하고,
비가 오면 안으로 비를 구경하는,
바람이 불어오면 버드나무에 산책
저녁엔 주황 빛이 그득 그득 하늘과
밤이 오면 따뜻한 방바닥에,
함께라는 이유를 온전히
아침엔 뭉근한 햇살이 바닥에 비치어
괜시리 손을 펼쳐,
햇빛의 온기를 가지어
그 사이,
예쁜 말과 작은 편지가 빈틈없이 채워
커다란 것들은 매력이 없으니까
이렇게 작고 조용한 것들을
사랑하는 너와 나.

행복

행복한 건 몰랐지만,
영원한 건 몰랐지만,

그대를 만나고

영원하고 싶은게 행복한 것은
행복하고 싶은게 영원한 것은 알 것
같습니다.

하나해

사랑을 모르던 사람들이
어느 순간 하나라는 이름을 부르고 다닌다면,
아마도 그들이 '사랑이란 뭔가요' 라고
나에게 물어볼 때.
나는 '하나' 라고 대답했기 때문일까.

사랑은 어지럽다

사랑에 관한 모든 글들을 읽으면

너와 내가 보이는데,

어떻게 심장이 미친듯이 뛰지 않고

머리가 어지럽지 않을 수 있겠어.

기록하고 기억하고

나는 모든 것을 느낌으로만 느껴왔어 과거엔

하지만 너를 만나면서 나는 기록하고

기억하고 싶어졌어

표정

그대 생각에 눈꼬리는 울고
입꼬리는 한껏 올라가 있고
달보드레한 모습이라서
그걸,
행복이라 하는 표정인가 싶고

같음의 가치

말을 하려 했어.
그런데 이미 알고 있더라
그게 운명인가

믿고 싶어졌어.

만남

너와 만나는 날, 나는 아침 8시에 일어나 아직 자고 있는 너를 한번 깨워 보려다가 전화에 깨지 않을 너를 더 재우고 싶어, 괜스레 방 청소를 했어.
약속 시간이 남았지만,
보고 싶어 하는 애달픈 이 마음은 가장 멋있어 보이는 옷을 입고, 양말도 신지 못한 채 소파에 쭈그려 앉아서, 나를 보러오는 너를 기다리게 만들더라.

서순라길

우리가 아직 사귀지는 않았던 그 날.
따듯한 여름에 태어난 우리는 가을 바람이 살짝 불어오는 계절에 같이 간 영화관에서 우리는 영화를 보다가 서로의 어깨가 맞닿아.
그 순간 나는 영화가 눈에 들어오지 않았고,
맞닿은 어깨를 따라 무릎 위에 가지런히 올려져 있는 얌전한 손을 보고, 저 손은 나를 위해 가지런히 올려준 손인지, 아니면 내가 저 손을 잡고싶어 그렇게 꿈을 꾸는건지 모르는,
뒤죽박죽 얽키고 설킨 생각 속에서 영화는 막을 내렸고, 나는 아쉬움에 한숨을 크게 쉬었지.

어느새 밤이라는 손님이 찾아왔지만 우리는 여전히 서로 헤어짐이 아쉽기에 급히 찾아본 서순라길.

처음 가보는 그 거리에 우리는 발걸음을 옮겼고, 서로가 있으니 서로가 생기고, 이름 모르는 야장에 나란히 앉아 라면과 맥주를 마치 한강에 와있는 기분과 이윽고,

내 마음이 속에 있던 소중한 사람을 더이상 잃기 싫었던 나는 '너를 만나고싶다 이젠 친구이고 싶지않다.' 는 고백을 하는데 거미의 '친구라도 될걸 그랬어' 라는 노래가 흘러나와 생각에 잠겼지만, 너는 '응!' 이라는 대답과 함께 나는 영화관에서 잡지 못했던,

너의 손을 이제 당당히 잡고 거리를 걸었지

행복해.

모든 역에 우리 추억이 묻어나길

우리의 미래가 생각이 문득 들었을 때 대학교 강의를 마치고 집에가는 너에게 전화를 걸어 '만약에 우리의 미래는 어떨거 같아?' 라는 혹시나 싫어할 너를 위해 네가 좋아하는 만약에를 씌워 물어봤어.

그러곤 너는 고장이 났는지 항상 내리던
역이 아닌
별이가득한 역에 내려 우리를 웃음짓게 했지.

한편으론 혹시 내가 별이가득한 역이 이름이 예쁘다고 했던 그 말이 너의 머릿 속에서 맴돌았던 걸까. 이제 우리는 그 역을 가보진 않았지만 보기만 해도 웃음이 나는 곳이 되었고, 나는 문득 모든 역에 우리의 추억이 묻어나길 소원하게 되었지.

SUNTOUCH

원

나는 너의 원이 되고 싶어.
네가 어느 방향으로 떠나도, 갈 곳을 잃어도
길을 걷다가 어딘지 몰라 헤매도
늘 그 곁엔 내가 바라보고 있을게.

그 곳에 나무도 심자.
그 옆에 우리같은 애틋한 꽃들도 심자.
비가 오면 구경할 집도 짓자.
그 곳에서 혼자만의 시간을 보내자.
예쁘고 짠하고 평온한 것들이 이 원안에 가득.

그리고 걷자.
끝을 따라 돌고 돌아 무한히.
또 다시 걷자, 네가 좋아하는 노을을 향해.

내 이름처럼 너만을 위한 하나 뿐인
원이 될게.

운명이라는 것을

항상 사람들을 구경하며
저 한 명 한 명의 인생이
얼마나 긴 서사를 쓰고 있는지,
그래서 손가락 지문이 다르고,
저마다 생각이 다르고,
과거가 다르다는 것을 아는데,

처음이였다.
같은 인생을 살아옴이 존재한다는 걸.

위로 받았다, 각사 다른 시 공간에서 같은
삶을 살다 만난듯,
누군가는 똑같아서 질린다고 하겠지만
우리는 똑같아서 그리웠고,
오해받고 비난받고 상처받던 지난날들이
서로 언제 그랬냐는 듯 찡하게 위로 받았다.

행복하다, 믿기 힘든 같은 삶으로 태어나

알 수 없던, 과거가 이렇게 같은데
알 수 없는, 미래가 어떻게 다르겠냐며
알 수 있는, 현재에 만나 늘 행복하자.

누가 그랬나

몸이 멀어졌다고 마음이 멀어지랴.

마음이 가까우면 몸이 멀어져도
그대 말 한마디에
눈에서 눈물이나고
몸이 뜨겁게 달아오르고
그대 사진 하나에 설레고 두근거려
숨을 쉬기 어려운데.

그대가 내 몸을 마음대로 만드는데
어떻게 몸이 멀어졌다고 할 수 있나.

마음이 멀어지면 몸이 붙어도 멀어졌으며
마음이 가까우면
전화 한 통화에 누워있는 내 옆자리에
그대가
존재 했음을.

25

받지 못하고 이로써 받게 되고

있잖아, 난 고백할게 있어
나는 사랑을 잘 몰랐어 사람에게 맞춰주면
그게 사랑이라고 알았어, 그래서 마음이 괴로워
힘든 시간에 연속,
하지만 이제는 괜찮아.

너를 만나면서 처음으로
내가 나로 사랑 받고 있구나
아, 이런게 사랑이였구나
사랑해. 라는 말이 이렇게 가슴 뛰는구나

너를 알면서 행복을 주면 내가 더 큰 행복
또 내가 두 배로 행복을 주면
너는 세 배로 행복을
이런게 행복을 주고 받는거구나

있잖아, 나에게 행복을 가르쳐 줘서 고마워
있잖아, 나의 평범한 일상을 사랑해 줘서 고마워

지하철

나무가 쓰러지지 않게
땅에 뿌리를 내리고

꽃이 꺾이지 않게
흙에게 뿌리를 내리듯

흔들리는 지하철 속에서
너는 넘어지지 않게

나의 손을 잡았다.

외면과 내면

눈을 쳐다본다는 것은
감정을 쳐다본다는 것이다.

서로를 안아준다는 것은
영혼을 안아준다는 것이다.

입술을 맞춘다는 것은
사랑이 맞았다는 것이다.

바다

사랑은 파도처럼 가까워 지다가도
언제 그랬냐는 듯 순식간에 멀어진다

그리고 이내 숨죽여 사라졌다가도
어느샌가 철썩이며 나의 몸을 적신다.

하지만 잊지 말아야 하는 건
우리의 사랑은 바다라는 것을

바다 위에서 파도가 사라진들
바다가 사라지는게 아니라는 것을

파도가 어지럽다면
바다 속을 기억하라.

누구보다 깊고 고요한 우리의 행복을.

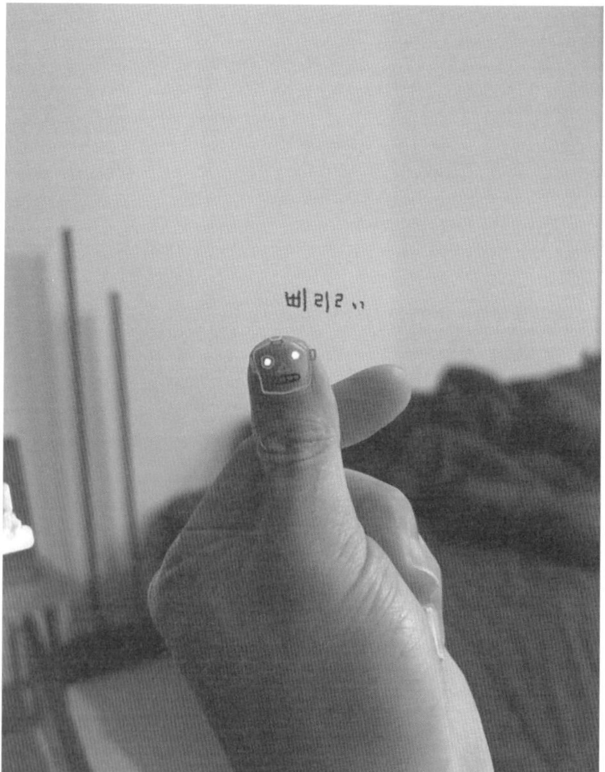
삐리ㄹ ,,

사소하다 (아직 미완성)

따뜻한 아메리카노, 그의 엄지, 발가락, 까치집 머리, 노래방 신청곡, 을지로 조용한 바, 항상 똑같이 나오는 심리 테스트, 새벽감성 노래 음성메모, 자기야 그냥 불러봤어, 만약에, 야장에서 먹는 소맥, 주술회전, 도쿄 리벤저스, 작은 꽃 한송이, 고죠 사토루 후드티, 산책, 예쁜 가사가 담긴 노래, 향수,

마음을 준다는 것

작은 가게에 들려서 꽃을 샀다.
왜 늘 꽃을 사냐고 물어본적이 있다.

나는 그저 이 꽃을 그녀에게 전해주고 꽃을 보고
나의 얼굴도 한 번 더 봐주길, 그 꽃을 보고서
살며시 웃음을 머금길 바란다.

그 순간이 하루의 작은 낙이 되길
작은 낙들이 모여 모든 계절에 추억이 되고,

힘들었던 순간에 문득 꽃을 보고, 나를 보고 웃음이
났었던 그 기억들이 가득할 수 있기를,
그리하면
꽃은 그녀의 삶에 들여다 놓고 바라보는 여유가 되
어주지 않을까

오늘도 보고 싶다는 마음을 만약에라는 핑계삼아
만나러 가는 길.

꽃집에서 그녀의 마음에 뿌리내릴 꽃 한 송이를.

선물한 사람의 마음

꽃이 금방 시들어 아깝다면
짧은 생을 다하고도,
그 무엇보다 아름답게,
불꽃같이 피어오른 그 꽃을
바라보며 행복했던 기억 만큼은
영원하니까,
가슴에 자국을 새긴
꽃 한 송이가
어떻게, 시들어 아까울 수 있을까.

Aēsop.
NOTE

나로인해 피어났으면

꽃은 말을 하지 않지만 말을 하게 만듭니다.

'어여쁘다'

'행복하다'

'향기가 좋다'

'사랑스럽다'

마음 속에서 나에게 그 말을 하게 만듭니다.

'당신이'

착각은 자유 사랑은 여유

불빛을 쫓아다니는 나방 보다
꽃밭을 날아다니는 나비가 되길

땅에서 먹이를 나르는 개미 보다
풀숲에서 노래하는 배짱이가 되길

내가 원하는 모습의 너 보다
네가 원하는 모습의 너가 되길

그 모습을 보고 나는 마음에 빠져
물 속을 헤엄치는 물고기가 되어

깊고 깊은 바다같은 행복에 빠져
아가미가 없어 숨을 쉬지 못하는

이대로 정녕 죽어도 좋을거 같은
낭만이라는 이름을 남겨.

아름다운 희생이라는 건

별은 스스로 희생하여 빛을 보여줘
예쁜 밤하늘을 수놓아 세상을 아름답게

내가 그대의 별인가봐
그대의 세상을 아름답게 비추고 예쁜 날들을
보여주고 싶어.

나의 색이 사라진데도 그대가

그대에게 꽃을 선물했다.

그대에게 노래를 선물했다.

그대에게 설렘을 선물했다.

그대에게 처음을 선물했다.

그대에게 따뜻함을 선물했다.

그대에게 다정을 선물했다.

그대에게 편안함을 선물했다.

이제 내가 세상에 사라진데도

그대가 있기에.

볼트와 너트

우리의 사랑은 볼트와 너트 같아.
볼트와 너트는 서로 모든 결이 잘 맞아서
서로 소용돌이 치듯 빙글거리며 맞물리지.

잘 맞물리는 대신 잘 빠질 수도 있는

우리는 흠이 있는 볼트와 너트 같아.
맞물려 깊은 곳으로 돌아가며
서로의 결핍과 상처와 흠
그 틈에 얽히고 설키고 끼이면서
절대 빠질 수 없는 꽉 맞물린 한 쌍이 돼.

우리는 어떠한 시간으로 돌려 뺄수없고
아무도 건들수도 없는 우리의 결속
드럽고 징그럽게 찡하고 짠한 사랑을.

TERRA

일을 한게 아니라 꽃을 피운거라는 걸

꽃이 시들어 갑니다.
꽃이 활짝 만개 했던게
엊그제 같았던게
어느새 시들어 예뻣던 모습은
온데간데 사라집니다.

일도 지쳐 가네요.
일도 열정도 가득 했던게
엊그제 같았건만
어느새 지쳐 떠나고 싶어 내 열정은
온데간데 사라졌네요.

그러니 슬퍼말아요.
꽃과 같이 예쁜 인생을 살아가는
그대여.

다솜

사랑한다는 것은, 서로의 생을 사랑한다는 말이며, 서로가 빛이 되어 주겠다는 존재이다. 서로의 꿈을 응원 해주겠다는 친절이고, 서로의 집이 되어 주겠다는 안정이며, 또한 서로가 술을 마시면서 웃는 취미와 서로의 글을 공유하며 느끼는 감정이다. 그리고 서로가 숨을 함께 쉬겠다는 뜻이며, 서로의 잠을 걱정하는 보살핌과 서로가 나를 찾은듯한 편안함이다. 어쩌면 사랑한다는 것은.

KOZEL DARK
KOZEL DARK
농심
3분

체크셔츠

나는 블랙을 사랑한다.
검은 속을 알 수 없는 그것에 마음을 뺏겼다.

나조차도 속을 알 수 없는 사람이 되고 싶었다. 내가 검은 속으로 살아감을 사랑하던 날 들 중에 정말 평범했던 어느 날 그녀는 '남자가 체크 셔츠에 카디건은 쪼끔 설레' 라는 말에 나는 '그래? 그럼 내가 한 번 입어볼까?' 라는 질투어린 마음으로 내 인생 31년..

난생처음 체크 셔츠라는 것을 사버렸다.
그러곤 '내가 미쳤지' 라는 말과 함께 어느새 우리가 만나는 시간이 내 공간에 도달했고, 디자이너의 인생을 건 나의 도전은 '비상사태다' 라는 말만 남긴 채, 옷장에 모든 옷과 맞추며 신발장 거울 앞에 서있기를 수십번,
이윽고 시간에 떠밀려 나간 나는 머리도 마음에 안들고, 옷도 마음에 안 들고, 비는 내리지만 누가 '기분이 태도가 되지 말자' 했던가, '그녀를 만나러 가는 동안 설레고 행복한' 이 기분이 내 태도가 되면 좋겠다는 생각만 하며, 체크 셔츠에 카디건을 입고 나간 미아사거리역 2번 출구 앞.

체크 셔츠를 입은 나를, 잘 쳐다보지 못했던 나를, 뚫어져라 쳐다보던 그 눈빛은 아직도 기억에 남는 사랑스러운 순간이었다. 그리고

오늘은 체크 셔츠 기념일이라며 세상에서 제일 행복해 보이던, 그녀의 모습이 내 마음을 뺏었다.
그 사람에게 만큼은 알 수 있는 사람이 되고 싶던, 오늘도 내 옷 장바구니엔 다른 색들이 하나둘씩 채워진다.

사랑이란, 나의 원래가 나에서
그녀로 물든다는 것이니.

겨울 밤

겨울엔 따뜻한 곳 보단
따뜻한 사랑이.

눈 내리는 날 보단
서로의 눈을 바라보는 그 날이.

추위를 피하는 방법 보단
추운 손을 맞잡는 바램이.

일찍 내려 앉은 밤 보단
그대가 깊이 잠드는 밤이.

먼저
생각나길.

작은 위로

오늘 힘들고 아팠던 것들도

잔잔한 파도에 쓸려갈 정도의 깊이 였으면.

행복보다 불행 속에서 빛을

아파하고, 상처받고, 절망하고, 슬프고, 힘들어
모든 긍정의 단어들이 부정의 단어들로 바뀌고
너의 주파수가 희미해져가 남루해져도
세상이 모든 걸 바꿔놓고, 헤집어 놓는다 해도

너의 행복보다 불행 속에서 빛을 비추고 싶은
유일하게 변하지 않을 내가, 너에게 만큼은

비워진 의자엔 누군가를
쉬게 할 마음뿐이라는 걸

가진게 예쁜 말 뿐이라 전할 수 있는게 예쁜 말 뿐이에요.

있는게 다정 함 뿐이라 해줄 수 있는게 다정 함 뿐인걸요.

첫 눈

세상에서 쉬어 가라며 한없이 소리없이 무게없이 내리는
마음에게 편히 쉬라며 하얗게 수북하게 따뜻하게 내리는

내 마음에 지친 모든 걸 완벽하게 하얗게 덮어주던 너는
너를 만나게 되어 기분이 좋은걸까? 첫 눈을 보고 너는

타오르는

전부 태워도 재로 변해도 너의 마음에 남아있다면
다정은 불같아서
나를 태워서라도 너의 삶에 빛이 되주고 싶은 마음.

겨울과 봄

겨울과 봄 사이에서 너무 걱정하고 있지 말아요.

우리의 행복은
걱정에서도 뿌리내린 나무라서.
우리의 마음은
겨울에서도 피어나는 봄이라서.
우리의 사랑은
추위에서도 달아오를 온도라서.

우리의 추억은 일찍 내린 밤에도 잊지못할,
환희라서.
12월도 잘 지내봐요, 우리.

돌아오는 말들이 기억에 남는다면

내가 하는 말들은 결국
나에게 들려주고 싶은 말이기에.

네가 해주는 말들을 예쁘게 접어
너에게 다시 들려 줘야지.

TERRA

차가움을 싫어하는 그녀에게

어두운 밤이 너에게 다가올 때
나는 가로등이 되어 앞을 비추고
너의 발 밑에 그림자라도 만들어
곁에 있고 싶은 마음.

삶을 작게 만들어 살아보는 것

발이 있어도 갈 수 없는 곳이 많은데
손이 있어도 잡을 수 없는게 무수하고
머리가 있어도 모든 걸 다 생각할 수 없는데

욕심없이 한 걸음 내딛는 공간을 사랑해야지.
꼭 잡고 안을 수 있는 것들만 가져야지.
하염없이 생각나는 너 하나만 기억해야지.

사랑은 농밀하게

사랑은 크고 작음의 문제가 아니라
꽉 차있는지,
비어있는지의 문제임을 기억하라.

아무리 작아도 꽉 차있다면
바위에 비할 수 없고,
아무리 크다고 한들 비어 있다면
풍선에 지나지 않는다.

꽉 차있다면
말 한마디에 진심이 담기지만,
비어 있다면
말 한마디에 상심이 담긴다.

무릇, 성공한 사랑은
진심이 담긴 사랑이란 걸 기억하라.

Aperol
15,000
9,000

인생을 걸어가는 중에

지나온 걸음은 되돌아 보기 싫어하는 우리
그럼에도 한 걸음조차 온 힘을 주며 걷다보니,
밟지 않아도 될 것들에 걸음을 멈추어 헤매네

그 걸음을 찰나의 순간에만 닿는다면.

사랑이 생각나는 찰나에,
사람이 생각나는 찰나에,

따뜻함이 생각나는 순간의 찰나에,
사랑하는 사람의 발가락이 떠오르는 찰나에,

그 찰나는 영원하기에 밟아야만 하는 것에
생각을 밟자.

머문 시선

실로 놀랍지 일상에도 예쁜걸 간직할수 있다는게,

행복 옆에 있는건가봐 예쁜 것들은,

우리가 늘 행복하기에 우리 옆에 있나봐 예쁜 것은,

작고 소소한게 전부인 우리에게 있어 주나봐 예쁨 들은.

쌓인 눈보다 내리는 눈이 기억에 남아

살아온 세월이란게 전부인 줄 알았지.

건데 같은 공간에서 우연히 창문 열고
하염없이 같이 쳐다본 펑펑 내린 눈이

문득 추운 한강을 걸어가다 밝은 낮에
넌지시 떠서 같이 쳐다본 둥근 달이

내 세월을 반하게 하는 기억에 남아
이제는 잊지 못하는 내 전부일 줄이야.

사랑해

다정한 말과 함께 서로가 걱정하며 위로가 되고, 서로의 배려와 믿음 이 모든게 '사랑해' 라고 외치는 말에 이유가 된다는 것.

Christmas

내리는 눈 보다,

서로를 바라본 눈이 더 소중했던,

그 찰나들을 사랑한.

곁에 항상 남아있는 강아지 털처럼

사랑이라는 건 그대가

눈을 좋아하기에 내가 구름이 되고 싶은

책을 좋아하기에 글이 되고 싶은

차를 좋아하기에 따뜻한 물이 되고 싶은

윤슬을 좋아하기에 햇빛이 되고 싶은

향을 좋아하기에 짙은 향기가 되고 싶은 마음.

시가 되어 뿌리가 되어

그대는 모진 세상에
흔들려도 괜찮다,
부서져도 괜찮다,
힘들어도 괜찮다,

내가 단단한 뿌리가 되어
버티고 있으니
서로가 손을 마주 잡아
나무가 되었으니

그대는 흔들려도 괜찮다.

느낌보다 물음이 많은 사랑

내일이 무슨 일이 일어날지 모를 때,
아무것도 알 수 없을 때,
그럴 때 조차도, 나는 당신께 다정할 거라는 겁니다.

사람에서 미움을 지우면 사랑인걸

각진 세상에 살고 있으니 사람인가 보다.

각진 세상에서

그녀를 만나 또 다른 세상을 발견했는데

어디에 모난 곳 없이 둥그스름-

오롯하고 애틋한 마음.

그래서 그 세상의 이름이 사랑인가 보다.

2024.10.3
그럼에도불구하고
늘 함께이길

내가 곁에 있다는 이유만으로

그대의 귀에 들리는 모든 말이 행복으로 들렸으면 좋겠습니다.
그대의 눈에 보이는 모든 글에 사랑이 실려있으면 좋겠습니다.
그대의 손에 잡히는 모든 것이 따뜻함만 가득했으면 좋겠습니다.
그대의 발로 걷는 모든 길을 용기로 걸었으면 좋겠습니다.

뭉뚱그리다

나는 형태가 없는 것들을 사랑한다. 정확히는 형태가 있지만 마음으로 바라본 형태가 없는 감정들을 사랑한다. 첫눈은 희엏지만 내 마음에 닿으면 수북히 따듯한 사랑이고, 노을은 주황색이지만 내 마음에는 차분하고 광활한 다정이며, 사랑하는 사람은 내 마음에 무한히 뻗은 행복이다. 이렇듯 세상을 선처럼 자세히 그린게 아닌, 행복이다 뭉뚱그리고 세상을 사랑했다.

너라는 사람

빛 보다 조금은 따뜻한 너기에.

행복 보다 조금은 다정한 너기에.

LIBRARY

꽃을 보고

가장 어여쁜 너를 바라보는 내 마음을
이 꽃을 보고 너도 조금은 알 수 있을까.

그대를 숨 쉬게 하는 말

우리의 계절

그대와 목련을 보러가고 싶어,
여름에는 흑임자 얼음과자
가을에는 계절 옷입은 나뭇잎 보며
산책도 하고 싶고,
겨울엔 첫 눈이 오면 함께 맞이하고
또 눈꽃을 만들어.

그게 우리의 계절이라서.

꽉 끼지도 널널하지도 않게

그대에게 나를 끼워 넣고싶다.

그대의 인생에 넣자면

굳이 불행 속

그 중에서도 불안한 어둠 속

그대의 불행에 넣자면,

왼 손

네번째 손가락에 나를 끼워 넣으리.

처음과 끝

우리는 과거로 돌아간 듯 사랑했던
현재서 우리는 성숙의 관계
그 사랑을, 모든 계절에 녹여내며
계절 머금은 바람이 불어오는 미래
우리는 운명이라 하는 유일한 우연.

2004 7 24

컴퓨터를 처음 배우시고 느리고 느린 타자로 써가던 그 시, 아직도 생생한 그 모습을 잊지 못해, 이렇게 시를 적을 수 있게 힘을, 저에게 선물해주신 지금은 볼수도 만질수도 없지만, 영원히 내 곁에 남아있는 할아버지에게 사랑한다고, 그 사랑을 알게 해줘서 사랑하는 사람에게 주었다고 고맙다고 말하고 싶습니다.

원일